布达佩斯之秋

The Fall
of Budapest

1956年匈牙利事件始末

"口袋中的世界史"丛书

丛书主编：沈志华

执行主编：梁　志

Hungarian
Revolution
of 1956

葛君 ———— 著

天津出版传媒集团

天津人民出版社

图书在版编目（ＣＩＰ）数据

布达佩斯之秋：1956年匈牙利事件始末 / 葛君著
. -- 天津：天津人民出版社，2024.1(2024.4重印)
（"口袋中的世界史"丛书 / 沈志华主编）
ISBN 978-7-201-16454-0

Ⅰ. ①布… Ⅱ. ①葛… Ⅲ. ①匈牙利事件(1956)—研
究 Ⅳ. ①D751.55

中国国家版本馆CIP数据核字(2023)第109424号

布达佩斯之秋:1956年匈牙利事件始末

BUDAPEISI ZHI QIU 1956 NIAN XIONGYALI SHIJIAN SHIMO

出　　版	天津人民出版社
出 版 人	刘锦泉
地　　址	天津市和平区西康路35号康岳大厦
邮政编码	300051
邮购电话	(022)23332469
电子信箱	reader@tjrmcbs.com

策划编辑	王　玎
责任编辑	郭雨莹
特约编辑	曹忠鑫
封面设计	汤　磊

印　　刷	天津海顺印业包装有限公司
经　　销	新华书店
开　　本	880毫米×1230毫米　1/32
印　　张	3.375
插　　页	5
字　　数	50千字
版次印次	2024年1月第1版　2024年4月第2次印刷
定　　价	40.00元

执行主编

梁志

历史学博士,现任华东师范大学历史学系教授、系主任,研究方向为冷战史、当代中国对外关系史。

本书作者

葛君

历史学博士,现为华东师范大学历史学系、社会主义历史与文献研究院副教授,研究方向为冷战国际史、德国当代史、中德关系史、东德史。

总　序

　　历史系的青年教师们与天津人民出版社合作,计划出版一套通俗世界史读物,面向青少年,名曰"口袋中的世界史",请我作序。

　　接到这个"任务",脑海里立即呈现出我儿时读历史书的情景。我上小学时的历史知识都是来自"小人书"——《三国演义》《杨家将》《水浒传》等,到初中时,爱不释手的就是中华书局出版的"中国历史小丛书"了。这套书的主编是著名明史专家吴晗,作者也大都是名已见经传的历史学者。到20世纪60年代中期左右,该丛书共出版了一百四十多种,有人物、事件、古代建筑和名胜古迹,文字简洁,通俗易懂,还有名家插图。我想,我对历史研究的最初的兴趣或许就是从这里开始的。

　　如今已经是信息爆炸的网络时代了,获取历史知识的渠道和方式十分丰富。不过,对于青年人,特别是青少年来说,为他们编写一套专业、精致又简易的历史小丛书还是很有必要的,特别是在世界历史方面。青少年在走进世界之前,首先应该大致了解世界,这就需要读一点世界史,而仅靠应试教育的中学历史课程恐怕很难做到这一点。20世纪60年代,英国历史教育曾经出现了一次危机,英国学校委员会经过调查发现,学生们不喜欢枯燥无味的历史课,有学者甚至认为历史学科可以并入社会学科。于是,历史研究者和历史教师要向公众解释:历史教育为什么重要,为什么必须保留?这次危机引发了英国历史教育的重大改革,各地历史教师组成多个研究组织,探讨了使历史教学丰富多彩、引人入胜的途径和方式,其中增加历史游戏、历史戏剧和课外读物就是重要的内容。

梁志教授告诉我,第一辑有六本书计划出版,包括希腊内战(危机)、匈牙利危机、刚果危机、柏林危机、古巴导弹危机、"普韦布洛"号危机;第二辑包括世界历史上的六场战争;以后还会有人物辑、地理辑、科技辑、经济辑等。对于今天的中国历史教学来说,如果能够出版一套既能体现最新史学理念和成果,又多姿多彩、通俗易懂的世界史丛书,帮助青少年了解世界,并形成"睁眼看世界"的思维方式,进而通过课内外结合提升中学历史教育的有效性,或许能够走出历史教育的某些困境,也为中国这一代青少年走向世界奠定坚实的思想基础。

我非常期待"口袋中的世界史"能够顺利出版,并延续下去。

沈志华

2023 年 5 月

写给读者

　　经过三年的筹备，"口袋中的世界史"丛书的第一辑终于和大家见面了。本辑的主题为"冷战中的国际危机"，考虑到地域和时间分布以及危机类型等相关因素，选取了希腊内战（危机）、匈牙利危机、刚果危机、柏林危机、古巴导弹危机、"普韦布洛"号危机，呈现给大家。

　　冷战可以被视为距离当下最近的一段历史了。概言之，冷战是东西方两大阵营之间长期的竞争与对抗，本质上是一种非战非和的状态。恰恰是就这一点而言，国际危机可能是东西方冷战时期国家间关系的一种"常态"。正因如此，在核武器问世并逐渐成为全球毁灭性力量的情况下，如何应对国际危机，特别是防止国际危机演化为战争乃至世界大战，成为各国政要关心的重要议题。在古巴导弹危机后，美国国防部部长罗伯特·麦克纳马拉宣称:"今后战略可能将不复存在,取而代之的是危机管理。"由此,国际危机管理成为政治家、媒体、学者乃至大众共同关注的一个概念。

本辑选择的国际危机涉及亚非美欧各大洲,时间从20世纪40年代后半期一直延续到60年代末。这六次国际危机类型丰富,有内战危机、核危机和情报危机等。影响国际危机走向和结局的因素很多:本土各派势力的实力对比与博弈;超级大国(个别情况下也包括地区大国)的反应,特别是保持克制的程度(谈判并做出妥协的意愿如何、是否接受调停或倾向于动武等);国际上包括联合国在内的相关方的调停意愿与能力;各有关国家领导人(有时也包括各级军官)在危机期间对突发事件的判断和应对。

重温这六次国际危机的来龙去脉,可以从中窥见一段段跌宕起伏、惊心动魄的历史故事:既有政治家展现出来的大国智慧,又有普通人面对历史大势的隐忍无奈;既有国际秩序和国际格局对一国的刚性束缚,还有偶发因素影响下的历史"转弯";既有冷战政治与人道主义之间形成的有限张力,更有各种复杂要素共同形成的无限合力。

　　故事的情节固然精彩,但远没有防止国际危机恶化乃至爆发战争的经验和教训可贵。我和几位志同道合的中青年历史学人一直致力于史学研究,在出版社朋友的建议下,策划了丛书第一辑的出版。口袋是"小"的,历史是"大"的,希望这套小口袋书能够给读者打开历史大视野,从中国放眼世界,在世界中认识中国。

梁 志

2023年5月

目录

contents

楔 子

一个小男孩按响了一间屋子的门铃,一位老妇人开了门。

"小伙子,你想做什么?"她问道。

小男孩:"请问我可以进屋吗?"

老妇人:"进来吧,小伙子,但是得先把你的鞋蹭干净。"

小男孩蹭干净了鞋,走进屋子后问道:"夫人,请问我可以从您家的窗口朝街上开枪吗?"

这是一则1956年的匈牙利笑话,从侧面描绘了当时普通匈牙利民众的一种心理状态。面对手里拿着枪的小男孩,老妇人并不感到害怕,她关心的是小男孩的鞋子是否干净。对于当时大街上正在发生的流血冲突,匈牙利人似乎已经习以为常,甚至认为理所应当,上至老妇、下到幼童都参与到这场暴力冲突当中。

在中国，这场政治流血冲突一般被称作"匈牙利事件"，它造成了近3000名匈牙利人和720名苏联士兵的死亡。事件平息之后，差不多有20万人（约占当时匈牙利总人口的2%）离开自己的祖国去寻求新生活。可以说，匈牙利事件是当时社会主义阵营内部出现的一次重大危机。这到底是一场怎样的政治事件？它为什么会发生？如何开始？又如何结束？这本小书便要试图一一解答这些问题。

一、"二战"结束前的匈牙利概况

1. 从古代到近代

在古代,如今匈牙利的所在地属于罗马帝国的潘诺尼亚行省,这个行省的总督驻地就设在如今的布达佩斯地区。罗马帝国灭亡之后,欧洲大陆上的各个民族在迁徙时都曾到过这里。其中最著名的就是匈人,他们曾建立过强大的匈人帝国,而匈牙利这个名词可能就来源于此。不过匈人帝国在很短的时间内就解体了,如今的匈牙利人其实和匈人并没有太大的关系,他们自称为马扎尔人,早先是分布在伏尔加河森林地带的游牧部落。

图1　马扎尔人抵达喀尔巴阡盆地

公元9世纪末，马扎尔人部族在首领阿帕德的领导下，从黑海北部草原迁徙到了喀尔巴阡盆地，即现在的匈牙利地区。他们击溃了当时由斯拉夫人组建的摩拉维亚公国，并开始在这一地区定居，建立了自己的公国。

历史上第一个真正成为匈牙利国王的人是盖佐大公的儿子伊什特万，他在打败了国内的反叛者后，于公元1000年正式加冕为匈牙利国王，如此一来匈牙利正式变成了一个信奉天主教的封建国家。虽然它在政治上一直受到神圣罗马帝国、罗马教廷以及拜占庭帝国的干预与影响，但匈牙利王国一开始还算得上是一个相对独立的国家。

不过由于匈牙利特殊的地理位置，使得它不得不面对来自东西方的两个强势敌人——奥斯曼土耳其和哈布斯堡家族所统治的奥地利。在1526年的莫哈奇战役中，匈牙利军队被彻底打败，匈牙利王国就此分裂成了三个部分。东部地区实现了自立,就是后来的特兰西瓦尼亚公国,南部地区依附于奥斯曼帝国,西部地区则依附于哈布斯堡家族的奥地利。从此,匈牙利便在奥斯曼与奥地利两大政治势力的夹缝中求生存。在之后的战争中,奥地利不断取得胜利,到1699年整个匈牙利都成了哈布斯堡家族领地的一部分,但自主性较强的匈牙利贵族仍不时发动反抗斗争。

进入19世纪后,资产阶级的壮大、人民主权思想的传播以及法国大革命的爆发,使得匈牙利人再次燃起了实现民族独立自主的希望。在匈牙利,同情法国革命的市民阶层构成了匈牙利的"雅各宾派",他们希望创立一个联邦共和国以替代哈布斯堡家族的君主专制。但这样的政治诉求和为此所开展的组织活动最终遭到了哈布斯堡家族的强力镇压。

2. 奥匈帝国的出现

1848年,革命在欧洲遍地开花。3月13日,在维也纳爆发了市民革命运动,维也纳的革命之火很快也燃烧到了匈牙利,著名诗人裴多菲发出了革命的呼声,青年大学生、布达佩斯的市民以及前来赶集的农民纷纷加入革命的行列。1849年4月14日,革命领袖科苏特宣读了《独立宣言》,宣布匈牙利是一个"自由、自主和独立的欧洲国家"。

图2 著名诗人裴多菲

但与此同时,反革命的力量正在集结并开始准备反攻,哈布斯堡家族联合俄国沙皇,动用了一支两倍于匈牙利国防军人数的军队对匈牙利发动进攻。匈牙利革命在外部势力的联合进攻下最终失败了。科苏特等革命领导人流亡国外。哈布斯堡家族对于革命失败之后的匈牙利实施了更加强硬的高压统治。

不过随着奥地利自身力量的衰落，它的统治也变得越来越力不从心。1859年，奥地利在第二次意大利独立战争中战败，这最终促使皇帝弗朗茨·约瑟夫放弃原先的专制政策，匈牙利因此获得了相对宽松的政治环境。1866年，奥地利又在普奥战争中战败，这使得哈布斯堡家族对德意志诸国的影响力彻底被边缘化。再加上威尼斯也脱离了奥地利，这就使得匈牙利在帝国中的地位变得重要起来。

1867年，奥地利帝国正式改组为奥匈帝国。这个帝国是由两个在内政上各自独立的君主立宪制国家——奥地利和匈牙利——组成的，两个国家除了共同拥戴哈布斯堡家族的君主之外，还拥有共同的外交、军事和财政。奥匈帝国事实上是奥地利和匈牙利两国统治阶级互相妥协的产物，但的确让匈牙利成了一个带有一定局限性的独立自主的"民族国家"。

图3 奥匈帝国商船队旗

3. 没有国王的王国

19世纪末，匈牙利在奥匈帝国内部的地位有所加强，在单纯的内政问题上有了独立的决定权。但在军事外交等问题上，奥匈帝国仍作为一个整体出现在国际舞台上。而且匈牙利的民族主义情绪使得它一心想往巴尔干半岛扩张。1908年，奥匈帝国吞并了波斯尼亚和黑塞哥维那，严重损害了塞尔维亚的利益，这为之后第一次世界大战的爆发埋下了隐患。

第一次世界大战最后以同盟国的失败而告终，奥匈帝国也随着战争的失败而分崩离析，捷克斯洛伐克宣布独立，特兰西瓦尼亚被并入罗马尼亚。1918年10月底，匈牙利也同样爆发了"秋玫瑰革命"，革命群众要求皇帝卡尔一世把政权让渡给由匈牙利几个党派联合组成的民族委员会。10月31日，民族委员会领导人卡罗伊·米哈伊正式在皇帝面前被任命为首相。11月13日，皇帝被迫宣布退位，不再担任匈牙利国王。民族委员会于是宣布成立匈牙利民主共和国，卡罗伊则成了共

图4 "秋玫瑰革命"

和国第一任总统。

　　然而新生的资产阶级政权很快就遇到了难题。面对周围纷纷成立的民族国家,新生的匈牙利民主共和国无法阻止国内的少数民族与同族的民族国家进行合并的倾向,其结果就是越来越多的领土脱离匈牙利的版图。这让民族自尊心受到伤害的匈牙利群众开始对卡罗伊政府失去了信心。

图5　奥匈帝国的解体

1919年3月20日，匈牙利社会民主党和共产党实现合并。第二天，在工人苏维埃大会上，无产阶级专政的社会主义政府宣布成立，匈牙利苏维埃共和国由此诞生，但很快就遭到了协约国的大举围攻。同年8月，匈牙利苏维埃共和国政府被前奥匈帝国海军将领霍尔蒂·米克洛什领导的国民军推翻，从而恢复了王政。在没有国王的情况下，霍尔蒂担任王国摄政，实行军事独裁。

图6　霍尔蒂·米克洛什

1920年，匈牙利与协约国签订《特里亚农条约》，从而失去了原来72%的领土，人口则从一战前的2000万减少到只有700万。匈牙利国内的极端民族主义者后来把匈牙利内部发生的一切社会问题与经济危机都归罪于该条约。这成为1932年种族主义分子根伯什·久洛能够出任总理的一个重要条件，匈牙利自此开始追随德国与意大利两大法西斯国家。1941年，匈牙利进一步加入了轴心国集团，参与到纳粹德国进攻苏联的军事行动中，只是胜利的天平最终并没有倒向轴心国集团。

二、战后匈牙利

1."联合政府"

　　斯大林格勒战役结束之后,匈牙利的统治集团便开始想办法脱离轴心国集团,并试图与英美两国达成协议。这自然惹怒了希特勒,于是纳粹德国出兵占领了匈牙利。霍尔蒂宣布退位,国家权力由匈牙利国内的法西斯组织"箭十字"党掌握,他们在国内疯狂迫害犹太人并追杀逃兵,帮助纳粹德国破坏和掠夺自己的国家。1944年圣诞节,苏联红军已经包围了布达佩斯,"箭十字"党仍然组织当地居民和士兵顽固抵抗。苏军最终于1945年2月攻克布达佩斯,4月初解放了整个匈牙利。

图7 匈牙利法西斯组织"箭十字"党党旗

斯大林曾经对第二次世界大战的性质有过这样的评价:"这次战争和过去的不同,无论谁占领了土地,也就在那里加强他自己的社会制度。凡是他的军队所能到达之处,就加强他自己的社会制度。不可能有别的情况。"这句话给人的感觉是,苏联红军所占领的地方都必然按照苏联模式建立共产党一党专政的政权,从事后来看似乎也确实如此,但这中间其实经历了一个十分复杂的变化过程。

1944年10月9日,丘吉尔和斯大林进行会晤,丘吉尔提出英苏两国在东南欧地区划分各自的势力范围,建议苏联在罗马尼亚占90%、在保加利亚占75%;英国在希腊占90%;英苏在匈牙利和南斯拉夫各占50%。丘吉尔把这个建议写在一张纸上递给斯大林,斯大林记录后将这张纸归还丘吉尔,之后丘吉尔建议烧掉这张纸,因为这种随意的形式和其内容的重要性不相符,但斯大林回复让丘吉尔留着这张纸,这就是后来著名的"百分比协定"。之后两国的外交部长在讨论这个百分比份额的过程中对丘吉尔的提议有所改动:苏联在保加利亚和匈牙利占80%。

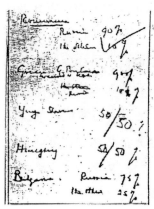

图 8 "百分比协定"

无论如何,根据"百分比协定"以及后来美、英、苏三国协商的结果,东欧大部分地区将成为苏联的势力范围。不过苏联也必须做出承诺,要用民主的方法来解决这些国家的政治和经济问题。为了保证在战后能够与西方国家继续合作下去,斯大林决定在自己的势力范围内推行选举制和"联合政府"政策。因此苏联在匈牙利试图建立一个以共产党为主导、各资产阶级党派参与的联合政府,而不是一个共产党一党专政的国家。

1944年9月，匈牙利共产党宣布重建。在匈牙利国内政治力量对比上，匈牙利共产党还是很弱小的，当时加上从莫斯科回国的200名党员，匈牙利共产党党员人数不过2500人。因此匈牙利共产党不足以担起领导国家的大任，苏联领导人莫洛托夫对当时来到莫斯科的匈牙利代表团说，未来匈牙利共和国中央政府首脑将会提名非共产党的领导人来担任，同时他又小心谨慎地提出，在莫斯科有一些匈牙利共产党员，也许可以让他们参与组建政府。

可见，对于当时的匈牙利共产党而言，重要的不是如何掌权的问题，而是如何让自己的代表参与政府的问题。在苏联的建议和监督下，12月匈牙利临时国会召开会议，成立了由共产党、小农党、社会民主党和民族农民党组成的临时联合政府。1945年7月，在苏联的干预之下，匈牙利政府实现了改组，共产党和社会民主党人在新政府的13名成员中占据6个席位。

可是，以拉科西·马加什为首的匈牙利共产党对此结果并不满足，他们进而采取更加激进的政策，这引起了苏联的强烈不满。在斯大林的心目中,匈牙利共产党必须与社会民主党、民族农民党以及当时最有影响力的小农党结成联盟共同执政。但匈牙利共产党由于自负地采取了过激行动,让自己在后来的全国大选中遭到失败。在议会中的席位,共产党占17.4%,而小农党占57%。于是,苏联不得不再次干预匈牙利新政府的组成。由于苏联的压力,在以小农党为首的18名政府成员中,社会民主党和共产党各占4席,而且共产党得到了十分重要的内务部长的职位,为它之后全面夺取政权提供了条件。

图9　拉科西·马加什

2. 共产党逐步夺权

事实上,苏联要求东欧各国采取的"联合政府"政策充满了矛盾:一方面,苏联希望东欧各国共产党吸收那些内心对苏联存有敌意的资产阶级政党参与政府;另一方面,苏联又希望这些有资产阶级政党参与的政府在政治上能够亲苏。在选举过程中,各个政党其实都在为自身的生存和利益相互斗争。因此斯大林的"联合政府"政策必然是短命的。

在匈牙利,共产党试图把联合政府内的其他三个政党赶出政府,为此制造了许多政治案件,利用所掌握的权力机关来打击反对派。到1946年4月,匈牙利共产党利用小农党的内部分裂控制了国家最高经济委员会和国防部等关键部门,同时让更加具有战斗力的拉伊克·拉斯洛接替了过于书生气的纳吉·伊姆雷担任内务

图10　拉伊克·拉斯洛

部长。到了10月份，小农党的政府总理纳吉·费伦茨实际上已经被架空。

两个月后，国防部和内务部在没有通知纳吉·费伦茨也没有和他商量的情况下，以处理"反共和国阴谋"案件为由，开始采取大规模的逮捕行动，大批小农党的核心人物受到牵连。费伦茨向苏联大使承认，小农党内确实有反动分子，但问题被匈牙利共产党夸大了，他希望共产党能够做出让步，以维护联合政府的稳定。可他哪里知道，他本人其实就是匈牙利共产党最后所要打击的对象。

1947年4月，拉科西向莫洛托夫报告，指出总理费伦茨就是阴谋集团的领导人之一，而总统蒂尔迪·佐尔坦很可能也牵连其中。他还坦言，共产党需要制造某种紧张的局面，至少希望把关于叛国阴谋的问题提到首要的位置。一个月之后，拉科西利用费伦茨出访瑞士之际，在突然召开的部长会议上提出对他的叛国指控。费伦茨因此被迫辞职，流亡国外。到8月国会选举时，小农党失去了大部分的选票，共产党得到了22%的选票，成为国会中的最大党。

3. "大清洗"与"苏维埃化"

1947年10月，共产党工人党情报局成立。这一事件标志着美苏冷战格局的最终形成，苏联试图通过这样一个具有制约功能的国际机构，来防范欧洲各国共产党和东欧各国摆脱苏联控制的企图。匈牙利此时在内政与外交政策上基本上是紧跟苏联，亦步亦趋。

1948年6月，匈牙利共产党和社会民主党两党正式合并成立匈牙利劳动人民党，不过那些前社会民主党人受到了清洗和排挤，而前共产党人则完全掌握了新政党的权力。与此同时，随着苏南冲突的爆发，在匈牙利劳动人民党内也展开了寻找"铁托的代理人"的活动，这其实就是党内的亲苏派针对本土派发动的一场政治清洗。

亲苏派的主要代表人物是总书记拉科西，而本土派的主要代表人物是担任内务部长的拉伊克。从表面上看，拉伊克之所以成为被清洗的对象是因为他曾经担任过匈南友好协会主席，与南斯拉夫领导人的交往比较密切。但其中隐藏着更加深层的原因,那就是斯大林不信任东欧各国共产党内的本土派领导人,他更加信任那些战时一直在莫斯科共产国际内工作的领导人,为此他还专门派了一批苏联顾问到匈牙利协助清洗。

正是在这样的背景下,拉伊克于1949年6月遭到逮捕并被开除党籍,罪名是"帝国主义的托洛茨基代理人"。9月16日,布达佩斯的人民法庭审理"间谍颠覆活动"案,拉伊克被指控在参加西班牙内战期间充当美国间谍,二战期间回国后,在担任党的国内委员会领导人期间充当霍尔蒂政权的特务,战后又成为南斯拉夫的间谍。最终,拉伊克被宣判处以绞刑。

制造"拉伊克案件"之后,拉科西在匈牙利劳动人民党内开展了更大规模的政治清查运动,一直持续到1953年。在他的直接指挥下,许多党和国家的领导人以及普通干部和党员被打成"铁托分子""拉伊克分子",被开除党籍或遭到拘捕。1948—1953年,有近130万匈牙利人接受过法庭审讯,其中695 623人被判刑。这场残酷的政治大清洗制造了大量的冤假错案,对整个匈牙利社会造成了极为负面的影响,也为1956年匈牙利事件的爆发埋下了隐患。

1949年8月20日,在匈牙利劳动人民党全面掌握国家政权成为国家唯一执政党的情况下,通过修改宪法,匈牙利共和国更名为匈牙利人民共和国,从而名正言顺地变成了一个社会主义国家。自此之后,匈牙利劳动人民党便完全按照苏联模式来发展建设匈牙利。但到了1951年以后,苏联模式的消极后果就在国内不断地显露出来了。

图11　1949—1956年匈牙利人民共和国国旗

匈牙利的经济政策是完全效仿苏联进行设计和实施的,无视了匈牙利自身的局限性和特殊性。为了把匈牙利变成一个"发达的工业国"、一个"钢铁之国""机器之国",1951年2月,匈牙利劳动人民党二大通过了第一个五年计划的修正案,进一步提高了原来五年计划中制定的各项指标,总投资额从原来的509亿福林增加到850亿福林。其中,对重工业的投资翻了一番,而农业投资仅增加30亿福林,轻工业投资则几乎没有增加。

这种经济政策必然导致国民经济中农业、轻工业、重工业比例的失衡,片面强调超速发展重工业使得农业、轻工业难以获得按比例发展的资金,在发展规模、速度上与重工业形成极大的反差。而与普通民众生活息息相关的恰恰是发展缓慢的农业和轻工业。在这种情况下,人民生活水平非但没有提高,反而呈现连年下降的趋势,工人的人均实际工资也逐年减少。

显而易见,如果匈牙利的国民经济按照这样的趋势继续发展下去,必然会引发人民群众的不满,加剧社会矛盾,从而危及匈牙利劳动人民党的执政稳定。所以到了1953年,匈牙利的社会主义建设已经举步维艰,陷入困境,执政党必须采取措施进行适当的调整与改革。

4. 纳吉的"新方针"

1953年3月5日,斯大林去世。新上任的苏联领导集体开始调整苏联过去的内政与外交政策：在经济上，强调发展轻工业和食品工业；在外交上，缓和与西方国家和南斯拉夫的关系。对于在东欧的这些卫星国，苏联同样希望他们能够与自己的政策保持步调一致。

1953 年 6 月 13—16 日，苏联领导人将匈牙利党和国家的领导人召集到克里姆林宫举行了两轮会谈。当时的苏联部长会议第一副主席贝利亚就曾明确地对拉科西说："如果伟大的斯大林犯过错误的话，那么拉科西同志也可以承认犯过错误。"苏联建议匈牙利要对既定的政治路线做出一定的改变，避免可能即将发生的经济崩溃。

结束在莫斯科的六月会谈后，拉科西回到国内，他根据苏联的指示召开中央委员会全体会议。在这次会议上，匈牙利劳动人民党中央承认了在过去一段时间所犯下的错误：在经济上，加速重工业化、忽视农业和轻工业、强制农业集体化；在政治方面，承认采取了错误的领导方式，滥用行政手段进行大规模的逮捕，使得整个党和国家被少数人所摆布。

党中央把矛头首先对准了拉科西，作为党的最高领导人，他对这些错误负有最大的责任。但拉科西对于承认错误这件事并不心甘情愿，他竭力维持自己在党内的权威并想要恢复那些已经不受信任的政策。虽然他无权改变党中央的决议，但他阻止了在报纸上公开发表不利于自己的决议。

不过拉科西无法阻止自己职务上的变动。根据苏联党政最高领导人职务分开的原则精神，拉科西留任党的第一书记，但是部长会议主席则改由纳吉·伊姆雷出任。1953年7月3日，纳吉在国民议会里做了接任部长会议主席的施政报告，开始实施被称为"新方针"的调整与改革政策。

图12　纳吉·伊姆雷

然而纳吉的任务十分繁重。匈牙利当时正处于危机之中，他试图进行控制，但他并没有为担任这个角色做好充分的准备，甚至他对真实情况的洞悉也是有限的。他仍然需要依靠以拉科西为首的四人领导小组（另外三人分别为：格罗·艾尔诺、福尔考什·米哈伊、雷沃伊·约瑟夫）来获得开展工作时所需要的情报。可以预见,这种状况无法让纳吉了解到匈牙利的真实状况并为新政府制订一项全面的政策计划。"新方针"的内容主要体现在以下五个方面:

第一,调整投资比例,不再给予工业特别是重工业绝对的优先权。对工业投资进行压缩,扩张速度放缓。这样释放出来的资金可以重新用于生产消费品、建设住房和发展农业。但是,这项经济措施损害了与重工业紧密相关的工作人员以及地方政府官员的利益。

第二,刺激农业发展。纳吉开始采取更合理的经济手段,结束了强制集体化的工作,并给予农民退出农业合作社的选择权。允许个体农民以优惠条件租用未耕地,同时放宽了强制交付农产品的指标。纳吉制订了一项农业长期发展计划,有助于化解眼前的危机,增加了对群众的农产品供应,并为长期改善农业生产奠定了基础。

第三,提高国民生活水平。纳吉充分认识到,贫穷不是社会主义,因此通过降低价格、提高工资和制定较低的绩效标准来减轻社会负担。一旦工人阶级的基本生活需求得到了满足,那么他们的工作积极性自然就会提高,从而提高工作绩效。从长远来看,这将产生更高水平的个人消费以及更多的积累。

第四,缓和政治气氛。纠正多年来对于社会的高度压迫并试图重新树立党和政府的信誉。其中最重要的一步就是宣布大赦,释放了此前许多蒙受不白之冤的人,关闭了拘留营,废除了内部流放和强制定居等刑罚。但这又进一步引发对于制造冤假错案官员的追责问题,事实上动摇了执政党的合法性。因此最大的阻力来自拉科西和劳动人民党本身,同时克里姆林宫对于公开进行调查和追责工作也并不完全支持,认为释放那些受到错误审判的共产党员已经足够。

第五,建立新的政治体制。从1954年开始,纳吉试图建立新的政治体制,改变匈牙利劳动人民党在政府机构内大包大揽的状况。让大多数非党员在管理国家事务方面拥有发言权,在相对民主的框架内为各方的利益诉求留出余地。尽管这样的改革是在一党制的框架内进行的,其实只是某种程度的权力下放,但这也是拉科西及其追随者们不愿意看到的,他们想方设法地稀释那些新成立的民主组织,使得他们与任何由共产党控制的前组织都没有区别。

从总体上看,尽管纳吉的"新方针"取得了一系列重要的成果,但它没有实现任何突破性的进展。除了受到拉科西集团的阻挠外,这也与当时的苏联领导人对于"新方针"的矛盾态度有关。克里姆林宫的许多官员认为纳吉的做法只会带来更多动荡,而不会给匈牙利带来秩序的稳定。因此"新方针"很快就无法继续施行了。

5. 改革的停滞与倒退

1954年底,苏联对纳吉"新方针"的不满已经十分明显了。不断恶化的国际形势,特别是西方国家允许联邦德国重新武装并加入北约的态度,加剧了苏联领导人的担忧。拉科西利用苏联思想上的这种转变,12月1日,他向匈牙利劳动人民党政治局报告,说莫斯科对改革的看法已经改变。尽管政治局并没有撤回1953年6月有关"新方针"的决议,但也提出了一项新决议。其中警告说,偏离了共产主义的右派是党如今所面临的主要危险,纳吉的政策也相应地受到了谴责。

　　然而这对于拉科西来说还不够,他的目标是要把自己的竞争对手从政治生活中彻底地排挤出去。因此,他建议匈牙利劳动人民党派一个代表团前往莫斯科直接与苏联领导人讨论匈牙利的局势。纳吉反对这一建议,但没有成功。苏共主席团成员于1955年1月8日会见了匈牙利劳动人民党领导人。苏共希望纳吉和拉科西两个人能够和平共处,相互宽容。当时已经成为苏联最高领导人的赫鲁晓夫表示同意恢复拉科西的领导作用,但同时"纳吉同志的权威也必须得到维护"。

　　回到匈牙利后,两个人并没有按照赫鲁晓夫所要求的那样冰释前嫌,而是继续各行其是。从1955年元旦开始,匈牙利劳动人民党的机关报《自由人民报》就连篇累牍地发表优先发展重工业、加强农业集体化、提高阶级斗争警惕性的文章,在舆论上正式向"新方针"开战。3月上旬,匈牙利劳动人民党召开中央全会,会议通过了指责纳吉的决议,认为他的路线是反马克思主义、反党和机会主义的。于是纳吉在4月的中央全会上被撤销部长会议主席的职务并被开除出政治局和中央委员会,年底被开除党籍。

但是匈牙利并没有回到拉科西的老路上。他无法彻底解决"纳吉问题",即无法彻底否定纳吉的政治路线。当时在纳吉周围已经团结了一批改革的支持者,他们包括帮助纳吉制定农业改革计划的同事和学生,以及部分政治人物、作家和记者,他们被统称为"反对派"。拉科西试图对他们实施制裁,但即使纳吉失去了部长会议主席的职务,这批人仍然忠于"新方针"。这也是1956年10月爆发匈牙利事件的另一个主要背景因素。

6. 苏共二十大的冲击

1956年2月召开的苏共二十大在苏共历史上具有极为重大的意义,它是在斯大林去世之后,以赫鲁晓夫为首的苏共领导集团重新确立未来政治发展走向的一次会议。苏共二十大提出了一系列非斯大林化的新方针:在国际方面,完整提出了"和平共处、和平过渡、和平竞赛"的总路线;在国内方面,提出了一些旨在改变经济发展及管理体制的措施;在党内方面,赫鲁晓夫发表了《关于个人崇拜及其后果》的秘密报告,批判对斯大林的个人崇拜,从而提出加强党内的集体领导。苏共二十大对于当时的国际共产主义运动,以及整个社会主义阵营内部各个国家的执政党都产生了重大影响,动摇了东欧各共产党国家的政治观念及其意识形态基础。

对匈牙利劳动人民党来说,苏共二十大使它的最高领导人拉科西陷入十分尴尬的境地。拉科西原本是最赞成斯大林模式的领导人,甚至有匈牙利"小斯大林"之称,但现在他被要求领导党内的非斯大林化,揭露并谴责自己过去所犯下的错误和罪行。同时,莫斯科又不切实际地希望拉科西在自我批评的过程中不会失去党内的威信。

苏共二十大让匈牙利劳动人民党内的改革派一下子获得了力量,他们呼吁对党进行真正和彻底的改革。社会上的知识分子也开始勇于表达自己的意见,其中最著名的就是裴多菲俱乐部,它对匈牙利劳动人民党进行了直言不讳的批评,远远超出了那些谨慎的改良主义者所表达出来的东西。除了苏联在匈牙利驻军和一党制没有受到裴多菲俱乐部的指责外,其他所有的政策几乎都被拿来进行公开辩论。苏联驻匈牙利大使安德罗波夫在听完一场辩论之后向莫斯科报告说，裴多菲俱乐部的活动实质上是在反对党的领导。

与此同时，党内的改革派继续扩大并壮大自身的基础。虽然纳吉已经被开除党籍，但是以卡达尔·亚诺什为代表的许多党员仍然表达出对于现行制度的不满，要求取消其中一些十分恶劣的内容，特别是党的镇压机制。到1956年夏，莫斯科认为是时候对匈牙利再进行一次政治干预了。

当时整个社会主义阵营中，混乱状况层出不穷，因此苏联认为，许多意外和恶性事件可能会在匈牙利发生。在6月28日波兰的波兹南发生罢工事件之后，这种可能性似乎又得到进一步的增强。

图13　卡达尔·亚诺什

为了防止匈牙利发生类似波兰的事件，苏共中央政治局中较为温和的领导人米高扬受命于7月13日抵达布达佩斯，他的任务是结束匈牙利劳动人民党内部的纷争。他采取了两项措施:更换领导和镇压反对派。米高扬带来了克里姆林宫的新态度,宣布拉科西必须辞去第一书记职务。在他的职位上,将任命一个新的领导小组为领导层带来新鲜血液。

不过拉科西第一书记的职务是被能力有限的格罗·艾尔诺所接任的,后者之所以被莫斯科选中,主要理由是他毫无疑问的忠诚度。但这样只会让情况变得更糟,拉科西的支持者们开始感到不安,但其他的高层领导并没有发生改变,这意味着拉科西的追随者在很大程度上保留了他们的影响力,因此政治局内部的分歧仍然存在。而且,由于格罗本人缺乏领导能力,使得政治局在最一般的问题上达成共识都并非易事,要解决匈牙利国内日益增长的矛盾也就变得更加困难了。

图14　格罗·艾尔诺

米高扬采取的第二项措施是镇压反对派,但结果同样无济于事。即便是拉科西也很明白,一旦逮捕一些异见人士,就会很快有其他更加激进的反对分子出现。无论如何,领导层已经发生动摇,谁也不再愿意采取整肃行动。因此匈牙利劳动人民党此时并没有变得更加强硬,实际上开始表现出某种程度的克制。例如,尽管纳吉·伊姆雷拒绝认错,但党还是在10月份重新恢复了纳吉的党籍。

不进行整肃反对派行动的另一个原因,是当时匈牙利的党政领导人正在专注于处理长期被忽视的外交问题。在格罗担任第一书记的三个月内,他仅有一个月的时间是待在匈牙利的。在他的议事日程上,最重要的是要处理与南斯拉夫的关系,他为此前往贝尔格莱德,并且花费了大量的时间与南斯拉夫举行会谈和准备谈判。同时,作为党内第二号人物的卡达尔也不在国内,他当时正率领匈牙利代表团参加中共八大并在中国做长期访问。这一阶段是匈牙利劳动人民党非常困难的阶段,他们无法进行重大决策。

三、危机的降临

1. 危机的酝酿

　　1956年的匈牙利社会已经感受到了日益沉重的政治和经济负担。总体而言，匈牙利民众1956年的生活水平下降到了1938年的水平以下，与其他欧洲国家相比，远远算不上繁荣。到1956年4月，匈牙利劳动人民党公布第二个五年计划的指导方针供公众讨论。匈牙利人普遍意识到执政党除了继续执行过时和失败的经济政策外，毫无作为。

　　在拉科西被迫辞职之前，米高扬就曾向莫斯科报告说："同志们每一天都在失去对政权的控制。出现了一个由积极、果断且自信的敌人们所组成的集团。报纸和电台不受党中央的控制。"米高扬的观察是准确的,不仅作家、新闻记者和其他知识分子,而且绝大多数匈牙利人都成了积极的反对派。当局所表现出来的虚弱和犹豫使它失去了人民的信任。显而易见的是,不仅匈牙利人不希望在现行的制度下生活,而且劳动人民党本身也不再具有捍卫自己权力的能力。

1956年10月6日,在匈牙利民众的强烈要求下,拉伊克·拉斯洛的葬礼在布达佩斯举行。在葬礼上,当时和拉伊克一同成为被告的萨斯·贝拉发表讲话。他说:"当成千上万的人从棺材旁经过的时候,他们不仅仅是向受害者致以最后的敬意;他们怀揣着强烈的渴望和坚定的决心,要去埋葬一个时代。"

之后的几天,在布达佩斯街头出现了前所未有的学生示威活动。这是学生第一次对政府表达公开的抗议,也成为随后游行示威的先声。10月16日,塞格德大学的一个学生会决定退出由匈牙利劳动人民党控制的青年组织——劳动青年联盟,重新组建了一个新的学生组织——匈牙利大学生联合会。在当时,是不允许任何社会团体在党的控制范围之外活动的,这个大学生联合会成为第一个独立于党的控制之外的自治组织。到10月23日匈牙利事件正式爆发时，这个组织的成员已经遍布全国。

10月19日，在波兰发生的重大事件对匈牙利产生了直接的影响。在波兰统一劳动人民党八大前夕，党中央决定选举曾经一度失势的哥穆尔卡担任党的第一书记，并将亲苏的波兰官员排除出党的领导层。苏共对此感到十分震惊，赫鲁晓夫和苏共高层领导代表团对华沙进行了突袭访问，甚至调动了军队。在这紧要关头，哥穆尔卡和赫鲁晓夫进行了一次戏剧性的交锋。最终，赫鲁晓夫做出了妥协，接受了新的波兰领导人。而哥穆尔卡则保证，波兰的政治改革不会威胁到社会主义阵营的团结。

匈牙利社会对这场危机采取了不同的应对方式。党内的改革派从哥穆尔卡当选为第一书记的消息中振作了起来，他们希望匈牙利也能像波兰一样，在现有的社会主义制度内实现有意义的变革，走上符合匈牙利国情的社会主义道路。10月22日，《自由人民报》发表了哥穆尔卡的讲话，讲述了波兰与苏联通过对话所取得的成功。

但是匈牙利的年轻人从波兰那里似乎学到了另外一套东西。布达佩斯技术大学的一个学生组织不仅决定加入新成立的匈牙利大学生联合会，而且拟定了一份清单，提出了开创匈牙利新局面的"十六点"诉求。他们甚至无视之前裴多菲俱乐部发表意见时的那些禁忌，明确要求苏联从匈牙利撤军并恢复多党制。这种极端的诉求在民众中间引起了更大的回响，从而消除了改革派从党内进行改革的幻想。

2. "新春游行"

1956年10月23日，《自由人民报》在头版发表了一篇名为《新春游行》的文章。这个标题取自1911年的一首革命诗歌，它与那个时代的现代化以及知识分子的革命传统密切相关。这篇文章热情赞扬了前一天开始游行示威的青年学生，说他们是社会主义民主化斗争的伙伴。除了这些鼓动人心的言论之外，文章还发表了来自作家协会的声明，对波兰最近的变化表示庆祝。

受这篇文章的鼓励，越来越多的大学生开始

上街参加游行，以表示对波兰的支持。匈牙利广播电台对这一情况进行了报道，但官方并没有对游行表达立场。之前一直支持纳吉的那些政治家和知识分子的态度也不明确。纳吉本人甚至强烈反对学生搞示威游行，因为学生的一些要求远远超出了他的构想。他有理由担心，学生的激进立场可能会危害到党内改革派已经取得的那些成就。

当天上午，在与南斯拉夫总统铁托达成历史性和解之后，由格罗率领的匈牙利党政代表团从贝尔格莱德启程回国。回到国内之后，格罗对于事态的发展感到惊讶，他立即召开了政治局会议。在这次会议上，对于学生的示威活动出现了两种截然对立的观点。一个极端是雷沃伊·约瑟夫和马罗山·捷尔吉，他们建议采取强有力的反应措施，禁止示威游行并授权安全部队向违反禁令的任何人开火。另一个极端是阿奇·拉约什，他不认为示威活动会变成反革命叛乱，建议采取补救措施，重新请纳吉回政府任职。

最终，政治局会议投票表决，决定禁止集会但不授权安全部队使用武力对付平民。政治局成员前往关键地点执行决议并帮助维持秩序，但他们很快意识到自己无法完成这项工作。大部分的领导人遭到了普通民众和党员的谴责，好几个党组织反对集会禁令。匈牙利的劳动青年联盟想要维护自己对年轻人的影响力，因此也决定不理会中央政治局的禁令，它想要加入示威游行并设法加以控制，因为它发现越来越多的工人已经开始声援学生。

在布达佩斯安全部队的军官学院内，学生对党的忠诚度也在发生动摇。布达佩斯警察局长科帕奇·山多尔宣布，他的警察部队不会对和平示威者使用武力，军队的可靠度也令人怀疑。这些状况最终使党的领导人相信，他们无法镇压示威游行，只能无奈地取消了禁令，呼吁布达佩斯的政党组织都加入游行队伍中去，试图淡化游行示威的影响力并控制反对派。国防部长鲍陶·伊什特万甚至允许士兵参加游行，只要他们不携带武器，并且不穿着军装即可。

下午3点，两支游行队伍在布达地区和佩斯地区同时出发，随着抗议者提出的要求和口号变得越来越激进，游行队伍的规模也迅速扩大。下班后的工人及其他群众纷纷加入。窗户内和人行道上的围观者敦促着游行队伍继续前进。两组抗议群众先在贝姆广场会合,这具有十分重要的象征意义。因为该广场以波兰将军贝姆的名字命名,他在匈牙利1848—1849年尝试独立的斗争中与匈牙利人一起对抗哈布斯堡家族和俄国沙皇。现在匈牙利人则通过游行支持声援波兰人。在广场上出现了一面匈牙利三色旗,但旗帜正中间象征着共产主义的符号被挖去了,此后空心的三色旗成了整个匈牙利事件的一个重要符号。

图15 中心被挖去的匈牙利国旗

游行队伍随后穿过玛格丽特桥前往佩斯,数以万计的群众高喊着政治口号,例如"拉科西进多瑙河,纳吉进政府!"到达佩斯一侧后,游行群众在议会前的科苏特广场聚集,高喊纳吉的名字。同时,其他示威者聚集在广播电台以及距离议会一英里的斯大林巨型雕像处。

尽管局势已经十分紧张，但仍然有机会阻止局势进一步发展成武装暴动。不幸的是，当局所采取的行动却是一种缓弱与固执的矛盾混合体。全副武装的部队被派往电台，但是过了很长一段时间，部队才被允许使用武力。同时，当局不愿答应游行示威者所提出的要求，并且采取了一些自欺欺人的小伎俩来对付群众。比如在广播电台外面，他们给抗议群众一个麦克风，假装这个麦克风已经连接到传输设备上，让抗议者们误以为自己的要求将被广播。在科苏特广场，他们关闭了路灯，希望逼迫等待纳吉的人群自行解散，但是示威者把《自由人民报》卷起来点燃当火炬以作对抗。

党的领导层此时意识到，平息事态的关键在于纳吉，他们需要纳吉出面来缓解民众对政权的不满情绪，因此准备恢复他的职务。但是纳吉的反应却比较消极，尽管受到抗议群众和朋友以及追随者的催促，他还是拒绝出门。当时的纳吉给人留下这样的印象：他不了解局势的严重性，或者说他不准备主动采取行动。于是在党的领导层向他提出请求之后，大约在晚上9点，他才从议会二层的阳台向示威群众讲话。

可是纳吉的讲话并没有起到很好的效果，不仅是因为他以"同志们"作为讲话的开场称呼，而且大部分人都听不清他的讲话。纳吉表示，他自己不会执行超越1953年"新方针"的政策，也就是说，他担任部长会议主席后，仍然将通过执政党的机制进行适度的社会主义改革。如果是几天前，这种补救措施可能有助于遏制普通群众的怒火，但是现在人们对纳吉的希望远远超出了这些。匈牙利劳动人民党领导人事实上已经难以赢得公众的尊重和信任，也无法避免暴力冲突的发生。纳吉要求抗议者们回家的呼吁确实起到了一定作用，但许多人只是简单地前往城市的其他地方并继续示威。

在广播电台，抗议群众与国家安全部队、警察对峙了一整天，最终爆发了暴力冲突。晚上8点，第一书记格罗发表了全国性讲话，声音从收音机传到人群当中，其中充满了对抗议示威活动的谴责。格罗毫不妥协的语气引发了街头群众的愤怒。在此之前只发生了几次小冲突，并没有开枪。但现在，示威者已经从武器工厂的工人、富有同情心的士兵，以及守卫广播电台的部队那里获得了武器。第一声枪响是在晚上9点左右出现的，但是到底是哪一方开的枪其实难以确认。抗议者紧接着开始对广播电台进行围攻，这一事件标志着暴力冲突的开始。战斗一直持续到第二天黎明，抗议者们最终暂时控制了广播大楼。

当天晚上，在城市公园的示威者采取了极具象征意义的行动——成功推倒了斯大林的巨大雕像。一辆卡车将雕像拖到国家大剧院正门前的广场，示威群众将其敲成了碎片。除了在首都布达佩斯，10月23日在匈牙利的其他地方也出现了游行示威活动，其中最主要的是匈牙利东部的德布勒森市。当晚在布达佩斯广播电台爆发冲突前，当地的国家安全部队对在警察总部前游行的两三万名示威群众开了枪，导致3人死亡，6人受伤。这是示威活动爆发以来首次出现人员伤亡的情况。

图16　被推倒在地的斯大林像头部

3. 苏联第一次出兵

早在10月23日的示威活动爆发之前几个星期,有关匈牙利存在政治风险的消息就已经传到了莫斯科,不过苏联人仍在犹豫要不要采取军事行动去镇压示威游行。让他们犹豫不决的一个主要原因就是之前处理波兰危机的经验。由于波兰危机得到了和平解决,这似乎有理由让莫斯科对在匈牙利取得类似的结果抱有希望。此外,苏联不愿意采取军事干涉,还在于这样可能会破坏赫鲁晓夫当时想要推动的国际缓和。

在广播电台爆发战斗后不到一个小时的时间里,苏共第一书记赫鲁晓夫就打电话给匈牙利劳动人民党的领导人。在格罗不断的要求下,同时根据驻匈牙利大使安德罗波夫对局势的评估,苏共中央最终同意让驻扎在匈牙利的苏军参与恢复秩序的工作,但前提是匈牙利部长会议要向莫斯科提出正式的书面请求。当时的部长会议主席海盖迪什·安德拉什已经正式签署这项请求,几天之后,他就被免职了。不过安德罗波夫还是将这项请求转发给了克里姆林宫,同时,莫斯科派出克格勃的负责人谢罗夫和武装部队副参谋长马利宁将军前往匈牙利监督军事行动。

10月23日晚上9点,在匈牙利的苏联部队接到了向布达佩斯前进的命令。这意味着和平解决危机的希望已经不复存在。克里姆林宫和匈牙利当局的这个让军队干涉的共同决定,在当时便给民众的抵抗运动赋予了争取民族独立的意味。10月24日,苏共中央主席团两名成员赴匈牙利监督当时的选举和政治活动。他们分别是唯一反对采取军事手段进行干预的米高扬,以及坚持强硬路线的苏共中央书记苏斯洛夫。他们两个人成为当时莫斯科在匈牙利的眼睛和耳朵。

匈牙利劳动人民党政治局和中央委员会从10月23日晚上到第二天凌晨连续开会。纳吉即将被任命为部长会议主席和政治局委员,这让他在当晚的会议上拥有重要的发言权。匈牙利劳动人民党的领导层最初是这样设想的:苏联军队抵达布达佩斯,可以在没有严重抵抗的情况下平息骚乱。然后,党的主要任务是支持苏联红军并为政治改革创造条件。10月24日上午8点半,纳吉被正式任命为部长会议主席,随后立即宣布国家进入紧急状态,武装部队保持戒备,实施宵禁,禁止公众集会。成立了一个由科瓦奇·伊什特万领导的军事委员会,负责苏联和匈牙利部队之间的协调工作。党中央随后发表了谴责暴动的声明,称那些反抗者们是"反动黑帮",其目的是"夺取我们人民的自由,并恢复资本家和地主的统治"。

与此同时,领导层也采取措施来安抚民众的失望情绪,其中最重要的举措就是对纳吉的重新任命。但仅仅重新任命纳吉一个人是不够的。经过一番讨论后,党内的领导高层还进行了其他的人事变动,纳吉设法让支持他并具备改革意图的多纳特·费伦茨和洛松齐·盖佐进入中央委员会,几名紧跟拉科西的领导人则被罢免。可是纳吉无法强迫格罗放弃第一书记的职位,这本来就是他能够接任部长会议主席的一个前提条件。纳吉心目中的第一书记人选是卡达尔,但是格罗却得到了包括卡达尔在内的大部分中央委员的支持,因此纳吉只好委曲求全。

10月23日晚上,在苏军到达之前,示威抗议的群众已经袭击了布达佩斯的军工厂、出版社、电话交换局、警察局以及军事机构。他们还曾短暂地接管了《自由人民报》编辑部。苏军于24日凌晨到达布达佩斯后，便在街头与示威群众发生了冲突和摩擦。示威群众立即组成武装团体，试图阻止苏联人进入首都。

尽管装备不足，而且参加示威抗议的大多是年轻人——他们是在苏联战争电影和小说的环境中长大的，但他们还是与苏军的坦克进行了激烈的战斗。对于抗议者们来说比较有利的是，当时抵达布达佩斯的苏军中没有部署步兵，因为他们以为不会遇到实质性的抵抗。这个错误判断导致苏军在一开始遭受了严重损失。苏联部队甚至无法在10月24日上午到达被占领的广播电台附近。

发生在布达佩斯的暴动进一步蔓延到其他各省。10月24日，在一些地方城镇也举行了示威游行，但当地的党和军事领导人保持了克制。大多数匈牙利人对于布达佩斯发生了什么并不清楚，宵禁也使消息的传播更加困难，他们只能等待观察。但是采取强硬措施以及苏联出动装甲部队并没有立即终止暴动。面对比自己强大许多倍的武装力量，抗议者们在接下来的几天内取得了惊人的成功。这让更多的群众开始感觉到有希望实现最终的胜利，这自然引起了匈牙利和苏联当局的警觉。

之前已经提到，米高扬和苏斯洛夫作为苏联的特别代表于24日早些时候抵达布达佩斯，在听取了军事情况的简报后，他们下午便与一些匈牙利劳动人民党的领导人举行了会谈。苏联人起初十分乐观地认为，暴动可以在几个小时内结束。他们甚至责怪匈牙利人之前传递给莫斯科的情报过分夸大了局势的危险性。

苏联红军的到来以及苏共特使的乐观态度也让匈牙利当局充满信心。在与米高扬和苏斯洛夫的会谈中，他们主要讨论了结束叛乱后如何进一步稳固政治局势的问题。他们公开宣布，第二天就将取消宵禁，允许人们上街购买食物，同时也表示社会秩序已经得到了恢复。匈牙利领导层甚至授权在10月25日凌晨4点30分广播一则公告，宣称"反革命团伙大部分已被消灭"。两个小时后，部长会议发表了更加大胆的声明："反革命的政变企图已被消除！反革命势力已经彻底失败！"根据广播电台的报道，生活已经恢复正常，公共交通重新开始运行,职工被要求重新上班,养老金也按时寄出。国家警察总局的一名高级官员对局势如此确信,以至于他下令追捕所有逃往外省的叛乱分子。

在米高扬和苏斯洛夫来到布达佩斯之后,纳吉发现自己处于十分尴尬的位置。他起初没有得到赫鲁晓夫的大力支持,甚至也没有得到自己政治盟友的支持。例如,多纳特和洛松齐反对领导层为恢复秩序而采取的几项措施,甚至拒绝进入政治局任职。他们这种暂时的特立独行存在着一些让人意想不到的危险,让纳吉变得更容易受到强硬派的影响,无法遵从自己的内心来采取行动。纳吉完全有可能重新夺回改革运动领导人的位置,但是他性格的犹疑不决很难预测他会走哪条路。在接下来的几天里,他最终选择了后者。

四、事件的恶化与新政府的改变

1. 流血冲突

10月25日暂时结束宵禁之后，大量市民涌上布达佩斯的街头，难以有效管控的问题立即浮出水面。普通群众发现，他们看到的真实情况与广播电台所报道的情况完全相反。整个城市并没有被抢劫者所淹没，路边的橱窗虽然有损坏，但里面的商品还是好好的。抗议者显然不是流氓或法西斯主义者，而是普通工人以及身边的学生、邻居和朋友。

于是布达佩斯的市民试图说服进入城市的苏联士兵，这次的示威游行并不是法西斯运动。可以看到匈牙利人到处聚集在苏联坦克周围，打手势并使用他们在学校里学来的蹩脚俄语来解释示威游行是具有社会主义性质的。他们实际上都成功了，一群年轻人乘坐悬挂着匈牙利三色旗的苏联坦克前往议会大厦。这一振奋人心的消息很快就传遍了整座城市，因此10月25日上午在议会大厦外的科苏特广场上，群众欢呼雀跃、充满自信，并开始四处奔走相告。

图17　10月25日的群众游行

但是部署在议会大厦周围的许多苏联和匈牙利武装部队对发生这样的情况感到震惊。他们认为形势远没有原来预料的那样乐观，眼前出现的是一批热情的抗议者与忠诚度不明的武装部队，形势变得更加复杂和混乱。然后，人们听到了枪声，示威者们感到恐慌，此前能够同他们正常交流的苏联士兵也惊慌失措。武装部队开始向最初出现枪击声的方向开火，他们显然认为自己被引入了一个圈套。局势由此变得一发不可收拾,一支专门守卫劳动人民党总部的匈牙利部队甚至开始向苏联部队开枪,于是发生了在整个1956年匈牙利事件过程中最为严重的一次流血冲突。

谁要为突发的武装流血冲突负责? 目前有两种说法:一种说法认为克格勃的领导人谢罗夫要对此负责,当谢罗夫听说议会周围聚集了大量人群后,他亲自观察了状况。据说当他见到苏联红军士兵与"敌人"关系融洽后十分震怒,以至于他单方面下令向人群开火。另一种说法则认为责任应该归咎于驻扎在议会大厦对面农业部大楼屋顶上的匈牙利边防部队。很有可能这两种说法都是正确的,而且这双方可能是同时开火的。10月25日上午的武力镇压夺走了100条生命,并造成了300人受伤。广场上的示威群众纷纷逃离,但很快与另一支示威游行队伍合流。群众的情绪显得更加激愤,大喊"国安部是凶手! 打倒国安部!"的口号。于是,示威抗议者与政府之间相对缓和的关系就这样终结了。

10月25日的形势变化,使匈牙利劳动人民党处理危机的方法失效了。尽管有苏联的协助,匈牙利的军事指挥部门还是无法阻止示威抗议活动的蔓延，也无力恢复社会秩序。在这种情况下，一些领导人敦促采用军事解决方案，对反抗者们采取更强硬的手段，全面实行宵禁。但是强硬派在当天下午便失去了他们的政治后台。根据苏联的指示，格罗被要求辞去了第一书记的职位并由卡达尔接任。虽然卡达尔并不是一名积极支持改革的政治家，但他也不能被视作改革的反对者。

强硬派的失势并没有让政治局下定决心通过政治手段来解决这次危机。大部分领导人继续倾向于动用武力镇压，并且授予军事委员会绝对的权力。但同时他们也清楚地认识到，仅仅依靠苏联的军事力量不可能完全恢复匈牙利的秩序。鉴于示威叛乱具有深厚的民族主义特征，依靠外国军队尤其是苏联红军来维护秩序是一个非常敏感的问题。但现在很明显，匈牙利的军队有点儿靠不住。至于科帕奇所领导的布达佩斯警察，到目前为止他们在恢复秩序方面没有发挥任何作用。实际上警察对于发生在科苏特广场的流血事件十分悲痛，科帕奇开始与示威者团体进行会谈，并释放了一些被拘留的政治犯。此后，警察变成了抗议运动更加积极的支持者,并没有站到匈牙利劳动人民党这一边。

政治局内部进行真正改革的声音也逐渐多了起来。例如,多纳特和洛松齐赢得了克伯尔·约瑟夫的支持,后者建议在恢复秩序后开始就苏联部队的撤军问题进行谈判。10月25日上午参加会议的苏联代表对此表示强烈反对。但是纳吉在午后发表的讲话中却提到了撤军的说法。中央委员会当天下午继续召开会议,也未能解决危机。此时中央内部分裂成了截然对立的两派,而任何一方都无法将自己的意志强加给对方,但双方都有足够的力量阻止对方的行动。示威暴动正在不断蔓延的消息困扰着领导层,使他们无法做出清晰合理的决定。新上任的卡达尔也动摇了,并承诺在进行激进改革的同时也要采取坚决的措施来遏制动乱。

这一天出现了许多支持示威抗议活动的新组织和机构,在布达佩斯的厄特沃什·洛兰大学历史学系成立了一个大学革命学生委员会。出现了第一份革命性的报纸《真相报》,它标志着执政党在新闻上的垄断地位被打破了。可以看出,在10月25日发生流血事件后,示威和抗议者们的活动变得更加具有政治性。他们迫使克里姆林宫及匈牙利劳动人民党在大规模军事干预和政治解决之间做出选择：选择军事干预可能造成重大人员伤亡和不良的国际影响，选择政治解决则可能带来难以预测的后果。

2. 示威抗议的蔓延

10月26日，反抗者们的力量不断增强，许多匈牙利士兵也阵前倒戈，加入示威抗议的行列中，他们控制了一些地区作为行动基地并组织了新的抵抗行动。反抗组织在佩斯的第8区和第9区的实力最强，在那里他们控制了几条主干道，还夺取了大量重型武器。

图18　科苏特广场群众欢迎匈牙利士兵

这些反抗组织的战术很简单：密切注意主要通道，在苏联军队通过的时候发起进攻。每次进攻之后，他们马上就撤退到狭窄的小巷中去，苏军的坦克便无法进入也不敢跟随。这是因为苏军缺乏步兵支援，对布达佩斯这座城市也不够熟悉。当地居民的无条件支持让反抗组织似乎有着用不完的力气和创意。有时他们使用自制的小型武器或者"莫洛托夫鸡尾酒"来袭击坦克。其他的时

候，他们根本不用武器，将平底锅放在道路上让它们看起来像是反坦克地雷，或者把油倒在马路上。被破坏的设施成为下一次小规模冲突最好的掩体，因此苏联部队的每一次失败都会让反抗者们的信心

图19 "莫洛托夫鸡尾酒" 倍增。

战斗也不再局限于首都布达佩斯。各个省内发生示威以及武装冲突的数量也在成倍地增加，罢工遍布全国。几乎每个城镇都爆发了示威游行。群众对各地政府的要求都差不多，包括结束

镇压并对反抗者们予以大赦。在某些情况下,他们的要求比10月22日布达佩斯技术大学的"十六点"诉求走得更远,比如要求匈牙利退出华沙条约集团并宣布中立。像在布达佩斯一样,示威者开始取下具有共产主义象征的标志,撕毁红旗,从建筑物顶上把红星摘下来,推翻苏联的纪念碑,并摧毁共产党领导人的雕像。

图20 被破坏的匈牙利劳动人民党大楼

示威反抗活动的结局最终大致演变为四种结果,这主要取决于地方政府的反应。第一种结果是,当地政府或军事领导人动用武力,成功阻止了权力被反抗者所接管。第二种结果是,当地政府应对不力,未能达到预期的目的。使用武力进一步加剧了示威抗议活动的强度,从而导致政权的彻底瓦解,然后由反抗组织夺取了政权。比如在匈牙利东北的城市米什科尔茨,示威游行的队伍聚集在警察局外。起初,当局试图同示威者进行谈判,然后突然向人群开枪。于是示威者围攻警察局并最终接管了大楼,并且处决了每一个被认为应该对枪击事件负责的人。第三种结果是当地领导层不做任何抵抗就直接将权力移交给了示威者。第四种结果则是示威抗议活动并没有对当地政府构成威胁,党的政权得以继续稳固。

再回头来看布达佩斯,从10月26日清晨开始,匈牙利劳动人民党政治局需要处理两个重要议题。一个是政府换届。纳吉试图对政府人员进行大规模调整,他推荐的政府成员人选都是一批支持改革理念的公众人物,这表明未来的政府将重新成为一个联合政府,但是中央政治局对这个名单并不满意。另一个是如何处理示威反抗活动,多纳特对此提出了一组建议。首先,他对政治解决和军事解决做了明确的区分,不像过去那样把这两种解决手段混合起来使用。多纳特当然坚持通过政治手段解决,要求党必须承认10月23日开始的示威游行的性质不是"反革命",而是一场具有民族性质的民主运动。因此必须满足示威者对于实现政治民主、社会主义和民族独立的要求。在社会秩序得到恢复后，匈牙利劳动人民党必须开始就苏军撤出匈牙利的问题与苏联进行谈判。

多纳特的讲话在政治局内很有说服力，卡达尔把他的建议在之后召开的中央全会上提了出来。卡达尔的讲法有所缓和，因而赢得了中央委员会多数成员的同意。于是多纳特和洛松齐提出了进一步的建议，其中包括与反抗者们进行直接谈判。但是当多纳特讲话时，军事委员会的成员总是试图打断他的发言。他们认为不可能对形势进行重新评估，因为一旦认定示威抗议是民族的和民主的，那就意味着反对它的人都成了反民族和反民主的。因此他们认为没有回头路，应该通过军事手段解决。这些强硬派认为，目前的主要问题不是军队的软弱，而是党内的领导背叛了党。他们的严厉攻击产生了作用：中央委员会令人惊讶地突然改变了态度，做出了一个不带任何改革举措的政治声明。

这无疑是选择了一个最糟糕的行动方案，表明党内仍然无法对整个动乱的局势做出有效且一致的应对。强硬派坚持采用军事手段解决,同时试图通过一些细微的政策调整来分裂改革派。但是这些表面功夫已无法满足当时整个社会的激进诉求。

3. 纳吉掌握主动

10月27日上午,匈牙利劳动人民党政治局就新政府的组成做了最后的决定,在其公开政治声明中则表现得过于自信。党内强硬派声称,工人组织并没有广泛支持反抗运动,因此可以通过有限的改革来赢回反对派的心。实际上全国各地的反抗组织提出了更加苛刻的要求:政治方面,他们要求苏联撤军,解散国家安全部,把原来参与拉科西政权的成员全部撤职,大赦示威抗议的群众,然后实行多党制;经济方面,在整体上保留社会主义的前提下,允许一定程度的私有企业存在。

这让党的领导层最终意识到,只是通过一些小打小闹的改革,是没有办法重新赢得群众支持的。事实上,工人甚至没有对政府的承诺做出任何积极的反应。新政府并没有获得公众的信任,只是带来了新一轮的公民抗议和要求罢免部长的浪潮。这让纳吉越来越意识到之前所制定的政策路线无法持续下去了。

到了10月27日晚间，纳吉终于觉得改革不能再拖下去了。目前不清楚的是，他在此时是否已经被明确告知强硬派要准备采取更加严厉的军事手段，但他心里应该是有数的。纳吉当时与一个工人自发组织的代表团进行会谈，通过这次会谈他听到了工人们的心声，再加上改革支持者们的催促，使纳吉决定要掌握主动权并领导改革运动。

于是纳吉在当晚召开的紧急委员会会议上做了一次重要发言，坚持要求宣布停火，下令遣散街头的国家安全部队，政府开始就苏联撤军问题进行谈判。除非领导层批准他的提议，否则他就辞职并解散新政府。在这次会议上，他得到了卡达尔的支持。

会议结束后，便是与苏联代表的非正式会谈，纳吉和卡达尔说服了米高扬和苏斯洛夫，他们当时仍然愿意支持纳吉，也认为必须改变政策。但这是苏联代表的独立判断还是来自莫斯科赫鲁晓夫的指示尚不完全清楚。根据苏联代表的报告，苏共主席团最终同意了纳吉的建议。示威抗议夺权的活动在全国范围内蔓延,至少在目前这个时刻,仅靠苏联的军队是无法彻底制止的。

纳吉开始试图通过政治手段避免出现新的街头冲突,同时也要避免苏联红军最终被迫撤离的尴尬。更重要的是,他的提议没有任何内容会威胁到匈牙利劳动人民党的领导地位以及匈牙利在华沙条约集团中的成员地位。简单来说,就是把"人民民主"作为自己的改革基础,这样看起来是十分安全的。因此仍然没有提到要改变权力结构或改变社会主义制度,而停火和撤军就是为了防止这种情况的发生,让该国的领导人——部长会议主席和党的第一书记——从政治上解决危机。但是在10月28日的政治局会议上,米高扬和苏斯洛夫警告匈牙利人,要采取一切预防措施,以防止进一步向右转,这表明纳吉的建议已经到了苏联所能容忍的极限了。

4. 新政府的让步

10月28日,纳吉在匈牙利广播电台和《自由人民报》的头版上宣布了他的新政策。他称这些示威抗议是民族的民主运动，而不是"反革命"，并且承诺将满足大多数抗议者的要求。他计划改组党内高层，以便在新组建的中央常委会中让自己的派系占据多数，取代过去的政治局并解散国家安全部队，组建新的国民卫队来负责维护公共秩序。

在苏联的同意下，匈牙利劳动人民党政治局和中央委员会批准了纳吉10月28日的计划。其中一个主要原因是越来越多的匈牙利士兵开始叛逃，还有就是大规模的游行示威开始蔓延到农村，地方群众驱逐了当地党和政府的官员。在各种危机形势的背景下，纳吉终于可以提出一个满足群众预期并实现和平解决的方案。在此过程中，他将党原来所拥有的权力彻底转移到了政府的手上。

匈牙利劳动人民党中央委员会10月28日的决议并没有立刻结束这场危机，而是导致了政治形势进一步的恶化。政府和示威反抗者们对于党所批准的新方案有着不同的理解。纳吉打算与反抗者们达成相互之间的妥协，让他们接受苏联人最大程度所能够容忍的要求，从而换取与反抗者们的合作以对抗真实的反革命威胁。可是反抗者们却把党中央的退让视为自己的胜利,并受此鼓舞,他们想要让政府接受他们的全部诉求。

对纳吉来说,恢复秩序仍然是他最急迫想要实现的目标,这也是他能够让克里姆林宫支持他的一个重要前提。恢复秩序意味着必须停火,说服工人重返工作岗位,以便让莫斯科看到做出一些让步是有用的。因此,纳吉试图说服示威反抗者们放下武器并停止罢工,但是抗议者们对于纳吉和他的新政府仍然保持着警惕。10月29日,苏军在布达佩斯与反抗者们发生了激烈的战斗,这让示威抗议者们觉得苏军和纳吉并没有遵守停火的承诺。此外,这些抗议者们不愿意在取得胜利之时做出让步,他们觉得现在是最有希望实现目标的时候。既然如此,为什么要放弃武装抵抗和罢工呢?

尽管10月28日新政府的声明接受了示威抗议者们的一些诉求,但它拒绝了布达佩斯技术大学之前提出的两大要求:实行多党制和拒绝苏联在匈牙利驻军。新政府仅仅同意就撤军问题开始谈判,但抗议者认为这两大目标必须实现,如果没有多党制和苏联全面撤军,他们就不会支持现任政权。

10月29日，新政府继续努力试图说服抗议者，但是更多的问题相继浮出水面。一方面，双方的相互猜疑阻碍了谈判的顺利进行。另一方面，反抗组织的领导人无法保证他们的成员会接受已经谈定的条件。各个反抗组织之间的关系并不明确，它们往往是各自为政的，并没有形成一个能够服众的领导集体担任谈判代表。各个组织之间的合作往往也是单独进行。

国防部和布达佩斯警察总局在议会大厦相继举行谈判会议，抗议者们提出了一系列新要求。例如，他们坚持只有在苏军撤离匈牙利后，才愿意交出武器。但是对于纳吉政府来说，这是不现实的，因为撤军问题一定是要与莫斯科进行长期谈判后才会有结果。

对新政府的另一项严峻挑战来自于当时成立的匈牙利知识分子革命委员会，它是好几个反抗组织的领导机构。这个委员会赞赏纳吉10月28日采取的新措施，但它与其他的反对派人士一致认为，新政府的政策还不够完善。该委员会声称，恢复秩序的前提是完全答应抗议者的要求。

到 10 月 29 日，匈牙利劳动人民党其实已经名存实亡。一些中央和地方领导人甚至都躲了起来。前第一书记格罗逃往苏联，其他人则在匈牙利接受苏联的军事保护，形势仍然无法稳定下来。在这种情况下，纳吉做出了一个大胆的决定，他在 10 月 30 日下午通过广播宣布匈牙利结束一党制，一个"联合政府"将接管整个国家。匈牙利劳动人民党已经失去了领导权。

5. 反抗者们的挑战

10 月 30 日，示威抗议者们真正开始尝试联合起来，匈牙利劳动人民党中央委员会两天前的决议只是为此奠定了基础。抗议者们在许多地方成立新的革命委员会并且开始掌握权力。在这方面，他们得到了当地报纸以及广播电台的坚定支持，电台事实上已被当地自发组织的国民卫队所控制。

在布达佩斯，军队、警察和抗议者们的代表筹备组建了一个革命武装力量委员会。新委员会公开宣布，他们的目的是执行 10 月 28 日的政府命令,建立国民卫队,将此作为国家武装安全力量的一个分支。但是其根本目的是集中地方的力量,将示威抗议者们整合到一个更大的机构中,从而对他们进行控制。

在纳吉宣布废除一党制后,之前遭到查禁的许多政党立刻恢复了活动,这是一个极其重要的变化,但是这些政党也都需要克服许多困难。首先一些政党存在历史包袱问题,那些曾经默默无闻或者受到打压的政治活动家与曾经追随过匈牙利劳动人民党的政治活动家之间形成了对抗。许多反抗者也对一些政党的恢复活动表示反感,他们担心现在来之不易的胜利可能会被别人窃取。有些匈牙利人则担心派系政治会威胁脆弱的团结。

无论如何,示威抗议者们在10月30日的联合尝试取得了一定的成功,中央政府则面临着严峻的挑战。几天前成立的匈牙利民族革命委员会在发行的首份《独立报》上直接宣布不承认现在的政府。这个委员会由杜达什·约瑟夫领导,与其他的委员会和抗议组织有很大的不同。大多数匈牙利人对于10月27日组建的政府感到不满,因为里面有许多曾经为拉科西政权工作的人，他们对于现在的纳吉政府还是抱有期望的，但匈牙利民族革命委员会是唯一一个要求重新成立政府的组织。此后它的报纸不断攻击现政府并且要求纳吉下台。

纳吉希望通过新的联合政府来实现最广泛的团结，可是这谈何容易。纳吉其实非常依赖他自己的人际关系，新政府中的成员在早先的联合政府时期并不是各自政党的主要领导人物。在许多情况下，无论是他们当时的活动，还是后来与共产党合作的事实，都意味着他们再也无法像纳吉所想象的那样具有广泛的代表性了。例如，重建的民族农民党不准备与它的前任领导人艾尔代伊·费伦茨合作，而他却作为这个党的代表进入了纳吉政府。小农党对它们从前的代表蒂尔迪·佐尔坦也不信任。社会民主党没有提名任何人代表其政党进入政府。对于大多数匈牙利人来说，仅仅任命"非共产主义者"进入政府还是不够。他们希望看到能够真正代表各联合政党的人上台。

新政府还面临着一个挑战——暴民暴力。全副武装的反抗者们试图接管匈牙利劳动人民党布达佩斯委员会的大楼,在这个过程中爆发了枪战。抗议者的增援部队围困了这座大楼,当一些劳动人民党的支持者向抗议者投降并走出大楼时,其中的三名谈判代表遭到抗议者们的抓捕并被私自枪决。然后示威人群冲进大楼,迫使其余人员进入广场,并私下处死了其中几人。虽然许多反抗者们设法进行干预,阻止更多的私刑,但这些暴力行动还是造成了严重的恶果,最终导致了23人死亡。在接下来的几天里,各个抵抗运动组织都谴责使用私刑的暴力行为,并呼吁匈牙利人捍卫革命的正义性。但是10月31日,在布达佩斯又有一群人杀害了一名国家安全部队的军官。在此之后,滥用暴力私刑的情况才逐渐消失。

图21　被处以私刑的劳动人民党大楼守卫

五、苏联的第二次出兵及其后果

1. 莫斯科的决定

在莫斯科,苏共领导层密切关注着匈牙利所发生的一切,并感到十分焦虑。

对于匈牙利劳动人民党中央10月28日通过的决议,克里姆林宫进行了激烈的辩论,最终还是同意接受。纳吉获得授权,可以组建稳定可靠的新政府,但不允许他满足抗议者们更进一步的要求。赫鲁晓夫明确表示,要求苏联红军从匈牙利撤出是敌对行径。米高扬也曾经在28日向匈牙利劳动人民党政治局发出警告:必须坚决行事,如果继续妥协退让,将一发不可收拾。

然而与莫斯科的意愿恰恰相反,匈牙利劳动人民党被迫在10月28日之后对反抗者们做出了几项重要让步,因为那时党已经失去了对武装部队和报纸的控制。10月29日,《自由人民报》停止发行,地方报纸和广播电台充当了这场抗议运动的喉舌。匈牙利已经处于恢复多党制的边缘,毫无疑问,这会让苏联人想起1945年的最后一次多党竞选。当时共产党表现不佳,而现在的形势比1945年还要糟糕。

在此期间,苏共领导层定期了解匈牙利的情况,不过他们收到的报告往往是单方面的,倾向于强调匈牙利民众的反共情绪,并对于正在发生的暴力事件有所夸大。这些报告对所有推翻苏联战争纪念馆和破坏苏军阵亡将士墓地的行为进行了详尽的记录。10月30日,米高扬向莫斯科报告说,和平手段无法制止武装暴动。抗议者占领了关键机构,包括党部大楼、出版社等。"我们认为,科涅夫同志必须立即来到匈牙利。"

10月31日,《真理报》发表了苏联政府的特别声明,这似乎预示着匈牙利事件的前景走向将会发生巨大变化。这个声明主张在社会主义阵营内部的各个国家要相互尊重主权并且不干涉彼此的内政。其中特别提到了匈牙利,承认匈牙利的工人正在为改善该国经济状况并打击"官僚主义"采取正确的行动。尽管声明警告说有"反动黑帮和反革命"在活动,但声明也表示,苏联军事指挥部已经下令,一旦匈牙利政府认为必要,苏联军队将从布达佩斯撤出。

图22　10月31日在布达佩斯街头的苏军T-54坦克

《真理报》的新声明引发了积极的反应。社会主义阵营的每个成员国都公开表示欢迎。美国中央情报局局长艾伦·杜勒斯对总统和国家安全委员会说,这是苏联过去十年来最重要的声明之一,是一个"奇迹"。匈牙利的抗议运动似乎赢得了巨大的胜利,莫斯科承认了10月28日后的变化,同意在匈牙利实行多党制和联合政府。

但是所谓的"胜利"事实上转瞬即逝,克里姆林宫在同一天突然改变了立场，不仅撤销了从布达佩斯撤军的命令，而且决定发起更大范围的军事干预。为什么会在同一天发生如此重大的变化？其中的关键就在于米高扬10月30日的报告。事实上《真理报》的声明只能反映苏联在10月31日之前对于匈牙利事件的一个基本态度，而当米高扬的报告抵达莫斯科后，大家对于局势的严重性有了新的认识和判断。在经过了一整天的激烈讨论后，到了10月31日晚上，苏共主席团最终决定出兵干预。

对于莫斯科而言，它无法接受匈牙利脱离社会主义阵营。首先，这会让苏联在东欧的战略缓冲区出现缺口，造成无法容忍的安全隐患。其次，赫鲁晓夫觉得他不能让西方有机可乘。正如他在31日对主席团所说的那样："如果我们离开匈牙利，它将极大地激励帝国主义的美国人、英国人和法国人。他们会认为我们是软弱的，并将发动进攻。"最后，赫鲁晓夫也担心来自苏共内部的挑战。在拒绝放弃匈牙利时，他提醒主席团："如果我们这样做，我们的党将不会接受。"显然，苏联人认为他们别无选择，只能进行军事干预。

2. 匈牙利宣布中立的后果

莫斯科没有将重新出兵干涉的决定通知纳吉。实际上,当10月31日纳吉表示希望就苏联红军撤军问题进行谈判时,克里姆林宫就已经在敷衍应对他。到11月1日清晨,匈牙利领导人才得知苏联军队的运动方向已经改变,不过苏联驻匈牙利大使安德罗波夫告诉纳吉,新进来的部队只是用来协助撤离的。

纳吉意识到莫斯科再次选择了采取军事手段,这让他陷入进退两难的困境:要么选择与克里姆林宫站在一起,这样仍然可以继续执政;要么选择采取独立行动,但势必会造成苏联的武装干涉,为此纳吉寄希望于国际社会能够声援匈牙利,从而对苏联形成强大的压力。相关的档案文件显示,纳吉和他的同事们很快就做出了选择。11月1日上午,新政府决定召见苏联大使,抗议苏联红军继续向匈牙利行进,并商定撤军条件。如果安德罗波夫的回应不令人满意,他们决定向联合国发出正式抗议。

当天下午,新政府代表会见安德罗波夫。当苏联大使没有回应匈牙利政府的要求后,纳吉便采取了大胆的行动,宣布匈牙利中立,同时退出华约组织,呼吁联合国安理会的四个常任理事国提供支持。纳吉在广播中宣布了政府的决定,退出华约并转向中立,目的是想要消除苏联提出的干预权的任何主张,因为只要匈牙利仍然是华约成员国或苏联的盟国,那么苏联的军事干预就可以做到师出有名。这是匈牙利人在困境中能够想出来的唯一办法。

可是匈牙利的中立声明并没有取得理想的效果。英、法两国虽然支持,但并没有真正谴责苏联的干预行动,当时两国由于苏伊士运河危机也受到国际社会的谴责,他们只想利用匈牙利的危机来转移国际社会的注意力。而美国虽然对匈牙利试图保持中立感到欣欣鼓舞,但并不愿意公开承认匈牙利的中立,因为这无疑会更加惹恼苏联。对美国来说,当时最重要的是保持与苏联关系的缓和。

克里姆林宫的领导人自然更加不愿看到匈牙利宣布中立,因此他们制定了一系列行动方案,希望匈牙利留在社会主义阵营内。10月31日的苏共主席团会议决定选择新的领导人来取代纳吉，当时有两名匈牙利人可供苏联选择，分别是卡达尔·亚诺什和明尼赫·费伦茨。主席团的几个成员更喜欢明尼赫，但对卡达尔也感到满意，尤其是卡达尔在保持中立的表决中表示弃权。

当天，卡达尔和明尼赫一起秘密前往苏联大使馆与安德罗波夫会面。随后他们就乘着装甲车离开大使馆，前往苏军指挥部，再从那里乘飞机飞往莫斯科。卡达尔没有告诉任何人他要去哪里，这让他的匈牙利同事以为他是被苏联人或者反抗组织给俘虏了。

在做出对匈牙利再次进行军事干预的决定之后，赫鲁晓夫与其他苏联领导人开始出访华约组织其他成员国，并寻求这些国家领导人的支持。11月1日，赫鲁晓夫、马林科夫和莫洛托夫在布列斯特会见了波兰领导人哥穆尔卡——他在10天前让波兰避免了类似的命运，对这一决定保持冷静并予以理解。之后赫鲁晓夫和马林科夫又赶往布加勒斯特，把苏共的决定告诉了罗马尼亚和捷克斯洛伐克的领导人，然后迅速访问保加利亚，接着又马上飞往南斯拉夫。南斯拉夫的铁托与纳吉的关系之前一直很好，但他也没有对苏联的决定提出异议。铁托承诺，在适当的时候将利用自己的影响力，通过南斯拉夫大使馆为纳吉集团提供庇护，并说服纳吉辞职。同时他也支持卡达尔成为新领导人。

就在赫鲁晓夫访问南斯拉夫期间，卡达尔留在莫斯科讨论成立新政权的计划。在11月2日早些时候抵达莫斯科后，他就立即参加了苏共主席团会议。卡达尔主张和平解决危机并保留现任的政府机构。他当时提出这样的主张可能有两个主要原因：一方面，他以为在赫鲁晓夫没有参会的情况下，苏共主席团对于自己的决定可能不会那么坚持。另一方面，卡达尔自己也反复强调过只依靠武力镇压而不进行政治改革的危险性。他清楚地知道，苏联采取军事手段将会排除政治手段解决危机的可能性。在这种情况下，新成立的政权基本上就会沦为苏联的傀儡，这对卡达尔来说是一个并不具有吸引力的前途。

在赫鲁晓夫回国之前，卡达尔还不知道其他东欧社会主义国家领导人的态度如何，也不知道其他华约成员国的军队是否会参与军事行动。比如,若罗马尼亚提出要参与军事行动,就会让他将要领导的新政府陷于十分尴尬的境地,因为两国历史上互有敌意。他没有办法知道南斯拉夫和波兰持什么立场,也不清楚苏联愿意为恢复匈牙利的旧政权付出多大的努力。在无法保证拉科西和他的支持者不会重新掌权的情况下,卡达尔必须同时与党内的改革派和强硬派进行斗争,因而他将面对几乎整个国家的反对。

赫鲁晓夫在11月3日返回莫斯科后,仍然决心进行军事干预。他同时向卡达尔承诺,将不允许拉科西返回匈牙利,更不用说重返政治舞台了。他还保证,卡达尔将得到其他社会主义国家的支持。最后,赫鲁晓夫明确表示,苏联的决定是不可更改的,因此卡达尔面临两个选择,要么与苏联合作,要么忠于纳吉政府。他最终选择了前者。

卡达尔在某些方面和克里姆林宫的看法一致。他对于抗议者针对匈牙利劳动人民党的暴力行为表示遗憾,不止一次地将示威抗议活动称为"反革命"。但同时他坚持认为抗议活动拥有广泛的群众基础,"整个国家都在参加这场运动",强调苏联最终必须撤军。卡达尔还试图为即将建立的新政权争取独立。他坚持认为："这个政府一定不能像傀儡一样。"可实际上，政府部长的名单是由苏联人拟定的，政策计划是用俄语编写的。不会俄语的卡达尔甚至需要寻求翻译的帮助。为了确保在政权更迭的过程中获得最大的控制权，苏联决定派三名主席团成员——马林科夫、米高扬和勃列日涅夫陪同卡达尔前往匈牙利。

3. 苏联第二次出兵

当卡达尔在莫斯科与苏联领导人为军事干预行动做准备的时候，匈牙利人则充满着希望和忧虑。尽管有消息称苏联军队准备撤退，但人们对于莫斯科下一步可能采取的行动仍感到不安。纳吉政府一直忙于巩固国内的政治基础，使匈牙利免受迫在眉睫的威胁。11月2日，匈牙利人向莫斯科正式发出了有关苏联军队的抗议照会。联合政府还成立了领导小组分别处理退出华约组织、前往联合国申诉以及苏联撤军的问题。

11月3日，纳吉采取行动扩大了政府的执政基础。为了回应近期恢复活动的各个政党的要求，他同意改组政府并建立一个更具代表性的联盟。这使小农党、民族农民党以及社会民主党的许多领导人得以进入政府。从大众的角度来看，社会秩序已经开始恢复正常，多个地方的工人都重返工作岗位，许多工人委员会投票决定在下个星期一全面恢复工作。同时，革命委员会与国民卫队和军队合作，开始组织力量防御苏联的进攻，密切观察苏军动向，设立医疗站。尽管如此，人们仍普遍希望苏联不会采取行动，而即使在最坏的情况下，人们也认为匈牙利可以依靠联合国从中斡旋。

在国际方面，纳吉政府有两个目标。首先是希望通过国际媒体向全世界特别是向苏联喊话，匈牙利并没有发生反革命政变，新组建的政府支持1945年以来的既定政策，例如土地改革和国有化。换句话说，就是希望莫斯科接受既成的事实。其次是呼吁波兰和罗马尼亚的外交官在布达佩斯和莫斯科之间进行调停，特别是阻止苏联诉诸武力。可是匈牙利人并不知道，这些政府都支持苏联采取军事手段。

11月3日,苏联军队开始正式进行干预,他们包围了机场,封锁了较大的城市,并封闭了主要道路和匈牙利西部的边界。与此同时,在议会大厦开始就撤军问题进行谈判。匈牙利方面希望10月23日之后抵达的苏联部队在12月31日之前撤出匈牙利。双方同意当天晚些时候在苏联驻军基地继续进行谈判。但是,苏军已经启动代号为"旋风"的军事行动。当天晚上10点,在克格勃负责人谢罗夫将军的领导下,苏联安全部队逮捕了前来谈判的匈牙利代表团成员。

11月4日清晨,匈牙利民众听到了马路上炮兵和装甲车辆通行的声音。苏军从凌晨4点15分开始对布达佩斯及其他几个城市发动进攻。5点5分,卡达尔宣布匈牙利革命工农政府成立。他表示10月23日的群众运动已转成了法西斯分子的叛乱,需要苏军介入。他承诺将对那些出于真诚且爱国的理由参与运动的所有人给予赦免。示威抗议的一些要求将得到满足,一旦秩序得到恢复就开始谈判撤军问题。

图23 战斗过后的布达佩斯街头

凌晨5点20分，纳吉听到了广播电台的新闻报道，但此时的匈牙利领导人尚无法准确了解情况。纳吉甚至还不知道前一天晚上匈牙利的谈判代表团成员已经被控制。现阶段他只能告诉抗议群众，政府没有邀请苏联军队，他没有下达抵抗的命令，但他也不禁止抵抗。但是国防部根据当时已经被逮捕的科瓦奇将军的书面命令，禁止匈牙利军队拿起武器。纳吉走投无路，除了接受南斯拉夫大使馆的庇护外，别无选择。

接下来的几天，亲卡达尔政权的匈牙利军队与苏联红军及克格勃合作，清除了布达佩斯以及全国各地最后的抵抗力量，解除了国民卫队和匈牙利军队的武装。此时抵抗组织的领导人们已经意识到进一步的武装斗争将无济于事,他们当中有些人要么躲了起来,要么逃往西方。到11月9日,苏军元帅朱可夫向莫斯科报告说:"匈牙利的生活秩序正在逐渐恢复正常。"

4. 审判纳吉

对于卡达尔政权和莫斯科而言,如何处理纳吉成为平息匈牙利事件后最为紧迫的问题。纳吉本人拒绝辞职,并且得到了南斯拉夫大使馆的庇护,这对卡达尔政权的合法性提出了挑战。赫鲁晓夫为此亲自写信给铁托,表示南斯拉夫对于纳吉的庇护可能"对苏南关系造成不可弥补的损害"。

铁托也发现自己进退两难,此前他在和赫鲁晓夫的会谈中同意说服纳吉在苏联第二次出兵干预后把权力转交给卡达尔。但是当南斯拉夫大使馆把纳吉保护起来之后,才发现原来纳吉在全国广播中公开谴责苏联的军事干预。出于维护自己国际声誉的考虑,南斯拉夫不会拒绝提供庇护。但是作为向苏联的让步,铁托建议将纳吉转移到南斯拉夫,这等于消除他在匈牙利的政治影响力。

在接下来的两个星期中，匈牙利的卡达尔政府、苏联、南斯拉夫以及罗马尼亚就纳吉的问题进行了好几次会谈。纳吉成了一个烫手山芋，没有一个国家想要接收，但是又找不到让各方都能够满意的解决办法。南斯拉夫派出代表亲赴布达佩斯分别与卡达尔和纳吉集团成员进行谈判，都没有取得成功。卡达尔愿意让纳吉流亡去南斯拉夫，但坚持要求纳吉承认错误，并表示支持新的政权。而纳吉则坚持不妥协。

这时苏联人提出了一个大胆的想法，把纳吉诱骗出大使馆，然后立刻将其逮捕，设法取得一个合适的辞职声明，然后把他送往罗马尼亚。卡达尔同意了这个方案，11月22日晚上6点30分，卡达尔和南斯拉夫签订了一个保障纳吉集团人身安全的协定，于是纳吉一行人便离开了使馆，坐上了一辆据说要载他们回家的巴士。然而上车之后，苏联的克格勃部队便实施逮捕行动，把他们转移到一个秘密地点软禁了起来，最终送往罗马尼亚，并在接下来的几个月内接受隔离审讯。对于这个行动计划，南斯拉夫事先毫不知情，这让铁托极为不满，也使得之后一段时期内的苏南关系和匈南关系变得更加恶劣。

1957年3月,审判纳吉的司法程序正式启动。匈牙利警察派遣一支特别部队前往罗马尼亚逮捕纳吉及其同事。内政部随后按照卡达尔的指示立即启动诉讼程序。从审讯到判决用了一年多的时间。卡达尔政府最终指控纳吉及其同伙从1955年开始组织"推翻人民民主政权"和"夺取政权"的阴谋,并最终于1956年10月实施该计划。

纳吉一开始拒绝回答任何问题。到1957年5月下旬,他改变了策略,试图解释他当时的决定。但是他始终否认对他的指控,审讯进行得十分缓慢。卡达尔在6月22日的中央全会上说:"调查正在进行中,进展甚微。"到8月初,内政部已准备好起诉书,倾向于判处纳吉死刑。安德罗波夫此时已成为苏共中央负责社会主义阵营内部国家党派关系的领导人,他对起诉书进行了审查,并认为"基本可以接受"。但是之后围绕着是否应该判处纳吉死刑的问题,各方进行了长时间的讨论和协商。直到1958年6月审判才最终画上句号。纳吉于6月16日被执行死刑,匈牙利当局则于6月17日公布了审判内容和最终判决。

尾　声

　　纳吉遭到诱捕这一事件象征着历时13天的匈牙利事件画上了句号。大规模的抵抗运动到1957年1月已经基本结束。1957年初,一波接纳卡达尔政权的浪潮开始席卷匈牙利,之后群众还自发参加官方举办的五一劳动节庆祝活动。究其原因,并非是惧怕政府这么简单。民众似乎认识到抵抗的理由已经消失,新政权已经得到了巩固。

　　卡达尔试图把国家带回到1948—1949年间,也就是从共产党与社会民主党合并后到审判拉伊克之前的这段时期,他认为这是匈牙利共产主义的"黄金时代"。在那个时候,国家和社会几乎是完全为党所控的,同时拉科西还没有开始滥用职权。对于纳吉1953年开始实施的"新方针",卡达尔也有部分赞成之处。因此在"十月事件"之后,匈牙利事实上重新走上了一条较为折中的政治道路。

对绝大部分普通群众而言,一切资源和手段都使用过了,包括罢工、演讲、群众集会和谈判,但结果都失败了,抵抗运动已经无法继续下去了。普遍的挫败感加剧了人们对于政治的冷漠:"几乎所有的事情都是一种幻想。"人们恢复正常生活的愿望增强了。卡达尔也不是拉科西,人民群众看到一些改革措施使他们的权益得到了维护,比如结束了对农业余粮的强行征收,生活水平得到提高,特别是停止了大规模的政治清洗。群众当中最为典型的看法是:"至少我们做成了某件事……我们无法做得更多了。"

当人们总结回顾 1956 年匈牙利"十月事件"的时候,似乎可以从长、中、短三个时段来进行观察与理解。

从长时段来看,历史上的匈牙利民族长期处于夹缝中求生存的状态下,他们在很长的一个历史时期内都是受外来民族统治的,因此实现民族国家的独立自主一直是匈牙利人所追求的目标。二战之后,匈牙利虽然在形式上成了一个独立的民主共和国,但它实际上仍然处在苏联的势力范围之内，成了苏联的一个卫星国。特别是匈牙利劳动人民党对苏共的言听计从以及苏联在匈牙利驻军这一客观现实，让普通的匈牙利人有一种继续遭受外族奴役的感觉。因此，1956年的"十月事件"可以被看作匈牙利人长期追求民族独立的一场运动。

从中时段来看，战后匈牙利政治局势的动荡和变化积聚了事件爆发的因素。从联合政府到共产党独掌大权，从拉科西发动党内大清洗再到国家照搬苏联模式强行社会主义化，在这个过程当中，充斥着各种政治斗争和社会矛盾。党内存在着派系之间的宿怨，社会上积聚着许多敢怒不敢言的不满情绪。而1956年的"十月事件"事实上就是上述这些矛盾积怨的一次总爆发。

从短时段来看，苏共二十大是事件爆发的直接诱因，以赫鲁晓夫为首的苏联领导人想要通过非斯大林化来调整自身过于僵化的政策路线，缓和国内和国际的矛盾冲突。但是正如托克维尔在研究法国大革命时所看到的那样，革命往往不是在政治压迫最严厉的时候发生的，而是在政权放松控制的时候。因此当整个社会主义阵营内部随着苏共二十大有了放松解禁的空间之后，普通民众将会提出更多的诉求。而一旦这些诉求没有立刻得到回应，人民就有可能揭竿而起，爆发更加严重的社会冲突。

纵观整个战后社会主义阵营的历史，其中的内部冲突与国际矛盾一直层出不穷，从苏南冲突到民主德国的"六一七"事件，从波兹南事件到匈牙利事件，从"布拉格之春"到波兰团结工会。理解这些具体历史事件的来龙去脉，将有助于更好地把握苏联与其他东欧社会主义国家的关系性质，认识东欧各国的社会主义制度最终失败的原因，吸取其中的经验教训。

参考资料

1.推荐书目

Csaba Békés, Malcolm Byrne, and János M. Rainer, eds., *The 1956 Hungarian Revolution: A History in Documents*, Budapest: Central European University Press, 2002.(《1956年匈牙利革命：档案文件中的历史》)这本档案文献收集整理了120余件原始档案，完整呈现1956年匈牙利事件的始末缘由，内容涵盖了从1953年斯大林去世后赫鲁晓夫与匈牙利领导人的第一次会谈，一直到1992年叶利钦关于匈牙利事件所做的声明。

2. 推荐影片

《光荣之子》(*Szabads á g, szerelem*)(2006年)

图24　《光荣之子》电影海报

　　这部匈牙利影片以1956年的匈牙利事件为背景。男主角卡尔西是水球运动员,当时他正在备战奥运会,盼望拿到冠军。出于爱情和政治理想,他和女友投身于反抗活动,当抗议者们取得短暂的胜利后,男主角重新回到水球队,前往墨尔本参加奥运会。不过当球队的飞机起飞之时,苏联已经决定第二次出兵干预。当苏联的坦克正在摧毁自己的国家时,卡尔西和他的队友们正在墨尔本奥运会上为争夺金牌而奋战。当匈牙利水球队击败苏联队为国家取得荣誉时,对于这个荣誉他们的祖国却已经无法消受。

3. 参考阅读

孔寒冰:《东欧史》,上海人民出版社,2010年。

沈志华:《斯大林的"联合政府"政策及其结局》(下),《俄罗斯研究》,2007年第6期。

[匈]温盖尔·马加什、萨博尔奇·奥托:《匈牙利史》,阚思静、龚坤余、李鸿臣译,黑龙江人民出版社,1982年。

Arendt, Hannah, "Totalitarian Imperialism: Reflections on the Hungarian Revolution," *The Journal of Politics*, Vol. 20, No. 1, 1958, pp. 5–43.

Békés, Csaba, Malcolm Byrne, and János M. Rainer, eds., *The 1956 Hungarian Revolution: A His-*

tory in Documents, Budapest: Central European University Press, 2002.

Schmidl, Erwin A. and László Ritter, *The Hungarian Revolution 1956*, New York: Osprey Publishing, 2006.

后　记

　　1956年的匈牙利事件是冷战时期社会主义阵营内部遭遇的一次重大危机,一直以来都是历史研究者们十分热衷研究的课题。我本人并非这个领域的研究专家,但一直对战后东欧各社会主义国家发展史抱有极高的兴趣,此次蒙华东师范大学历史学系梁志教授的发起和组织,有幸承担了这本小册子的编写工作。在编写过程中,自己的历史知识也得到扩展与提升。作为一个"门外汉"来编写这段历史,希望能够实现与同样对这段历史不甚熟悉的读者们共同学习体认的效果。

　　感谢梁志教授在写作过程中提供的指导与建议,感谢天津人民出版社郭雨莹和其他编辑在此过程中的辛勤付出。当然,本书中的任何错误与不足,皆应由我这个作者自负。

葛　君

2021 年 10 月 20 日

于沪上居所